国家中等职业学校示范建设课程改革创新系列教材
中职中专学前教育专业系列教材

幼儿园环境创设与布置

王小云　主　编
李贤奎　副主编

科学出版社
北　京

内 容 简 介

本书以幼儿园环境创设为主线，以幼儿和教师在学习生活中所面对的具体环境创设问题为依托，按项目－任务式编排内容。本书包括5个项目，分别为幼儿园墙饰创设、幼儿园公共区域环境创设、幼儿园小班教室环境创设、幼儿园中班教室环境创设、幼儿园大班教室环境创设。各项目中包含了大量实例图片，便于学生更直观地了解具体的环境创设效果。各项目后还设有思考与练习及项目测评，以便检测学生掌握理论知识和实践操作能力。

本书既可作为中等职业学校学前教育专业的教材，亦可作为相关人员的参考用书。

图书在版编目(CIP)数据

幼儿园环境创设与布置 / 王小云主编. —北京：科学出版社，2014

（国家中等职业学校示范建设课程改革创新系列教材·中职中专学前教育专业系列教材）

ISBN 978-7-03-040427-5

Ⅰ.①幼… Ⅱ.①王… Ⅲ.①幼儿园－环境设计－中等专业学校－教材 Ⅳ.①G617

中国版本图书馆CIP数据核字（2014）第075068号

责任编辑：王　琳 / 责任校对：王万红
责任印制：吕春珉 / 封面设计：东方人华设计部

科学出版社出版
北京东黄城根北街16号
邮政编码：100717
http://www.sciencep.com

三河市骏杰印刷有限公司印刷
科学出版社发行　各地新华书店经销

*

2014年7月第　一　版　开本：787×1092　1/16
2021年1月第十一次印刷　印张：5 1/4
字数：107 000

定价：26.00元

（如有印装质量问题，我社负责调换<骏杰>）
销售部电话 010-62134988　编辑部电话 010-62135763-8020

中职中专学前教育专业系列教材
编写指导委员会

主　任　姜正友
副主任　周德竹
委　员　（以姓氏笔画为序）
刘　平　李　云　李　杰　李绪寨　张建川
陈善林　范兴祥　赵丕杉　钟世琼　姜迪辉
郭友义　黄　毅　廖瑞兰

《幼儿园环境创设与布置》编写人员名单

主　编　王小云
副主编　李贤奎
参　编　李孟梅　周德竹　王秀娟　冉光翠

前　言

幼儿园环境创设与布置是学前教育专业的专业核心课程，与幼儿园生活活动组织、幼儿园游戏活动组织、幼儿园学习活动组织、幼儿园班级管理等课程同时开设，在学前教育专业课程中处于非常重要的地位，是一门专业核心课程。

创设和布置一个与幼儿发展相适应的优质环境，促进幼儿身心和谐发展，是幼儿园工作的一项重要内容。幼儿园环境的创设和布置要寻找幼儿与教师之间、幼儿与幼儿之间、幼儿与家长之间的联系点。如何借助环境促进幼儿、教师、家长间的交流，如何充分发挥班级环境的教育价值，让幼儿在与环境布置的互动中得到发展，这些也是幼儿园环境创设应该体现的方面。

本书注重理论与实践相结合，关注幼儿教师专业领域的发展趋势，选用典型案例，分析真实工作情景，帮助学生和教师掌握幼儿园班级环境创设所应具备的能力。本书强调发挥幼儿的主体作用，旨在调动幼儿参与的积极性，通过有目的的环境创设和布置，给幼儿提供更多的时间和空间去探索和创造，有效地促进幼儿的发展，真正做到环境为幼儿服务，让幼儿关注生活、学会生活、适应生活。

本书由重庆市开县职业教育中心王小云担任主编，李贤奎担任副主编，李孟梅、周德竹、王秀娟、冉光翠任参编。本书具体编写分工如下：王小云编写项目 1 ～项目 4，李贤奎编写项目 5，李孟梅、周德竹、王秀娟、冉光翠提供本书的图片资料。

编者虽力求完美，但由于编写时间有限，本书不足之处在所难免，恳请广大读者批评指正。

目　录

项目1 幼儿园墙饰创设

【项目描述】

幼儿园墙饰创设是幼儿园班级环境创设课程的基础内容。通过对幼儿园墙饰的设计与布置，创设出具有装饰性、教育性、互动性等多种功能的幼儿园墙饰环境。幼儿园墙饰创设也是展示园本文化的重要途径。

【学习目标】

- 了解幼儿园墙饰的分类和设计要点。
- 了解幼儿园墙饰制作的原则和基本方法。
- 掌握幼儿园常规墙饰、互动墙饰、主题墙饰的制作技法。

任务1.1　常规墙饰的制作

1.1.1 墙饰的分类和设计要点

幼儿的发展离不开教育环境的创设，如果说幼儿园的环境教育是一个系统工程，那么，幼儿园的墙饰便是这个系统中的一个子工程。它在开发幼儿智力、陶冶幼儿情操、促进幼儿全面发展等方面，发挥着特有的教育作用。

墙饰是对幼儿园建筑空间的装饰。园舍的墙面布置，可以显示出教师在美术、美工方面的技巧。缤纷的色彩、绚丽的景象，幼儿置身于这样一个优美、和谐、温暖、舒适的环境中，能全身心地投入幼儿园的生活。墙饰所具有的装饰性、教育性、互动性等多种功能不仅可以营造幼儿园欢乐、亲切的氛围，陶冶幼儿美好的情操，而且还蕴含着幼儿学习、生活、游戏的内容。

1. 幼儿园墙饰设计的分类

1）常规墙饰设计（图 1.1.1）。

2）互动墙饰设计（图 1.1.2）。

3）主题墙饰设计（图 1.1.3）。

图1.1.1　常规墙饰

图1.1.2　互动墙饰

图1.1.3　主题墙饰

2. 幼儿园墙饰的设计要点

1）墙饰设计应符合儿童的心理和审美特点（图案形象，色彩鲜艳，具有启发性和教育性）。

2）构思要新颖，立意要独特。

3）注重画面构图、情节的对比。

4）装饰手法与材料运用的多样性。

5）力求与整体环境相协调。

6）符合幼儿视角高度。

7）注重安全性。

1.1.2 常规墙饰的设计与利用

常规墙饰指针对幼儿园各区域场所，做的装饰性或功能性墙饰设计，包括“室标”和“班标”设计、各类宣传板（栏）设计、园内环境墙饰设计等。一般情况下，常规墙饰使用的时间较长，因此对墙饰设计的整体性和装饰性有较高的要求（图 1.1.4 ～图 1.1.13）。

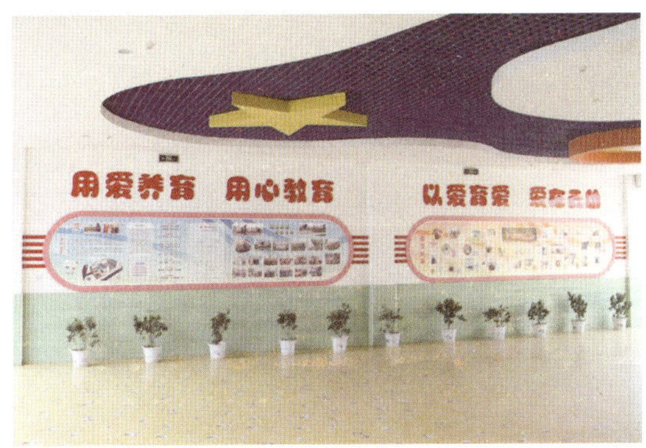

图1.1.4 门厅墙饰

图1.1.5 宣传墙饰

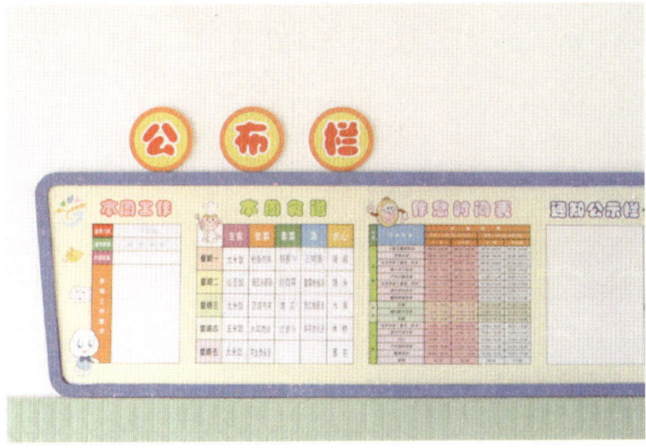

图1.1.6 公告墙饰

图1.1.7 标语墙饰

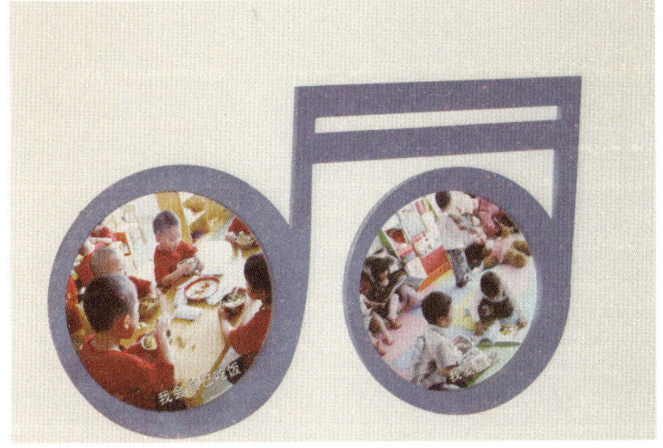

图1.1.8 剪影墙饰

图1.1.9 背景墙饰1

图1.1.10　背景墙饰2

图1.1.11　角落墙饰1

图1.1.12　角落墙饰2

图1.1.13　装饰墙饰

任务1.2　互动墙饰的制作

1.2.1 墙饰制作的原则和基本方法

1. 设计和布置墙饰的原则

1）教育性原则。

2）审美原则。

3）参与原则。

4）趣味原则。

5）形式多样原则。

6）经济原则。

7）安全原则。

2. 设计和布置墙饰的基本方法

1）形象：图案简单、卡通化。

2）色彩：颜色鲜艳，多用三原色和间色，少用灰、黑等深色。

3）布局：结合美术构图知识，合理布局。

4）材料运用及制作：材料多样化，多用日常生活中常见、环保、卫生、安全的材料；制作流程简单化，易于幼儿参与和模仿。

1.2.2 互动墙饰的设计与利用

互动墙饰是让幼儿参与墙饰材料的准备和制作的过程，师生互动，共同完成的一种墙饰制作形式。

互动墙饰设计是一种以环境创设为主体，寓教于乐的综合教育活动设计，不再局限于墙饰的美化设计，而是着重师生相互游戏的随机设计，以及引导幼儿参与展示的创意设计。

互动墙饰以幼儿发展的需要为目的，紧紧围绕教育目标和教学内容，发挥孩子的主体作用，从而能最大限度地发挥墙饰的教育作用（图 1.2.1）。

互动墙饰充分调动了幼儿参与的积极性，不仅可以成为幼儿园活动范围内幼儿最关注的区域之一，也能成为他们尽情想象、发挥创造力与自我表现的舞台（图 1.2.2 ～图 1.2.10）。

图1.2.1　我给老师打分

图1.2.2　我的快乐生活

图1.2.3　妈妈我悄悄对您说

图1.2.4　我是小画家

图1.2.5　我和爸妈一起做

图1.2.6　我最幸福

图1.2.7　画一画

图1.2.8　我的小宠物

图1.2.9　我爱大自然

图1.2.10　我喜欢

任务1.3　主题墙饰的制作

1.3.1 主题墙饰的认识

1. 主题墙的内在蕴意

(1) 主题墙的对话性

主题墙是环境创设的一个重要组成部分，是幼儿与环境、幼儿与幼儿、幼儿与教师、幼儿与家长之间交流的中介和桥梁，他们之间平等地对话、互相作用，产生了某种不同的、全新的东西。主题墙为幼儿提供了良好的精神环境，便于幼儿间进行各种信息交流，为实现对话提供有利的条件。通过主题墙，幼儿可以发现同伴的优点，形成对人和事的积极心态。通过主题墙，能让家长了解幼儿在园内的行为和生活，不仅能了解幼儿的成果，也能了解幼儿学习的每一个过程，了解幼儿在整体中的发展水平。通过主题墙还能让教师有效地倾听幼儿的想法，为幼儿提供有针对性的引导和帮助，及时调整活动计划。

(2) 主题墙的体验性

主题墙是真正属于幼儿的，它的创设是建立在幼儿已有生活经验的基础上，是幼儿在活动中获得的真实体验，是幼儿的学习成果，也是幼儿对课程、社会实践活动的体验和感悟。主题墙倡导全员参与，幼儿不仅用头脑思考，而且用眼睛看、用嘴巴说、用手操作。幼儿在与主题墙的互动中，提升审美经验，体验审美情趣，构建新经验，获得对周围世界的认识，享受成功的自由和快乐。

2. 主题墙的教育价值

主题墙是幼儿真实学习活动的展示和记录。正如马拉古奇所说："我们的学前学校的墙壁会说话，也有记录的作用，利用墙壁的空间暂时或永久地展示幼儿及成人的生活。"所以，主题墙记录幼儿学习过程中的想法和行为，并对行动进行阐述。透过主题墙，我们可以思考以下问题：幼儿玩了什么？做了什么？对什么事情或什么活动感兴趣？发现和解决了什么问题？主题墙呈现了幼儿的所思、所想和所知。

3. 主题墙的创设思路

(1) 突出主题性

顾名思义，主题墙应突出主题。幼儿、教师和家长环顾活动室，就可清楚地了解最近班级在进行的主题活动，并能"阅读"到其中蕴含的各种教育信息。主题墙要明确创设的教育意义，要突出主题背景，内容和幼儿的活动应相一致。需要强调的是，主题墙的内容不是一成不变的，可以随着主题目标和实际需要进行调整、更换，教师心中要有目标，考虑如何与主题教育相结合。

（2）体现层次性

在突出主题的基础上，通过一次次主题活动的细化和拓展，将各个领域的内容加以整合，主题墙的内容和目标也将得到层层的推进。在“车”（图 1.3.1）的主题墙中，延伸出来的几个平行单元里，增加了车的种类、车的内外部的组成等。这样的主题墙层层递进，形象地记录了课程的进展过程，使得主题墙的内容不断丰富、深入和完善。另外，由于幼儿的发展水平存在差异，他们的想法、创意不一样，获得知识的过程和方法不一样，获得的情感体验也不一样，因此，主题墙允许幼儿有不同的表现形式和表现层次，让每位幼儿的主体性得到充分的发挥。

图1.3.1　车

（3）注重参与性

主题墙的创设过程是一个师生互动、生生互动、家园互动的过程，不仅有教师、幼儿的参与，家长也是重要的合作伙伴。主题墙的创设作为课程内容，不能追求速度和结果，教师要多听幼儿的想法和需要，为幼儿留出最大的空间，让幼儿成为主题墙的主人，如标牌的设计、实物的搜集、图片的布置等，都可让幼儿亲手所为。教师还要调动家长积极参与幼儿园环境的设计与资料的搜集，让家长成为幼儿园课程的参与者和实施者。丰富的主题墙环境，让教师、幼儿、家长共同参与、共同感受、共同分享。

4. 主题墙创设过程中常见的误区

1）只求美观，强调墙饰的装饰性，将成人的意念带进了幼儿世界。有些教师根据自我的需要考虑主题墙的创设，如“我觉得这样好看”或“这样不好看”，没有考虑幼儿的感受及主题的需要。

2）形式单一，忽视墙饰的参与性，很难引起幼儿的探究兴趣。有些教师在确定了主题墙的主题构思后，只是单纯让幼儿按教师的意志辅助制作一些简单图案作为点缀，并没有使幼儿获得有益于身心发展的经验。

3）一成不变，轻视墙饰的教育性，留给幼儿的只是短暂的记忆。一些教师将主题墙的创设看作摆设、装饰，一旦主题墙布置好了，就认为大功告成，一学期难得更换一次。

5. 避免以上误区发生的具体做法

1）密切关注主题活动的相关内容与实际意义，根据幼儿的年龄、身心特点和发展需要来创设主题墙。

2）遵循启发性、参与性、互动性、效应性、创造性等基本原则和规律，使幼儿在与环境的互动中得到良好的发展。

3）避免精美的“镜框式”思考，教师应透过表面形式发现孩子创意的美、感受的美；避免以选“优”方式展示少数幼儿作品，而是与幼儿一起，根据作品不同的特点对其进行加工修饰，充分激发每个幼儿的积极性和参与性。

6. 创设有价值的主题墙（案例分析）

（1）内涵丰富的主题墙——引发幼儿探索

案例：在创设“春天探秘之旅”（图 1.3.2）主题墙时，丰富的主题内容深深地吸引着幼儿。“春天里的动植物”、“人们在春天里”、“春天多变的天气”、“我设计的风筝”、“春天的小问号”等内容都是幼儿自己建构的，所以他们也更爱在这里学习、创作。这里不再是个体与墙面材料的对话，更是幼儿与材料的对话，幼儿可以更自如地与同伴合作互动，从而达到“1 + 1 > 2”的效果。主题环境创设伴随主题墙活动的开展，日渐深入且不断完善。

图1.3.2　春天探秘之旅

分析：无疑，当教师为幼儿创设丰富的环境，并充分利用周围的环境来刺激他们主动学习时，主题墙就像一把开启幼儿潜能的金钥匙，使幼儿的才能得到最大限度的发挥。主题墙创设蕴涵着引发幼儿“自主探索”的教育功能，幼儿能够按照自己的意愿，通过自己的实践活动去探索、尝试，以满足自己的好奇心、寻求解决问题的办法，从而主动获得感性经验，形成自己的认识结论。

（2）富有弹性的主题墙——给幼儿以挑战

环境是一个会“运作的生命体”，如同幼儿的身心随时在改变一样，墙饰也会随幼儿的心智变化而改变。这就要求墙饰的创设必须有弹性，教师要经常根据幼儿的需要对墙饰进行修正，并允许幼儿在活动时根据自己的经验调整墙饰，让墙饰成为幼儿学习过程与结果的记录。

案例：主题墙“我们身边的科学”（图 1.3.3）的创设始终以动态的形式展示出活动内容的连续性，如“会动的玩具”、“弹性的秘密”、“我见过的轮子”、“变变乐园”，每一个子

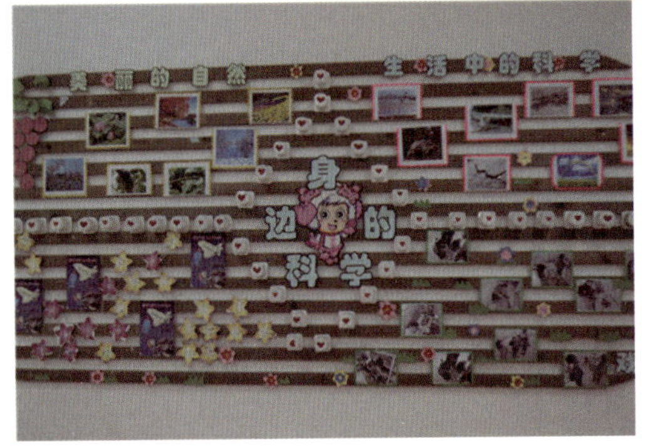

图1.3.3 我们身边的科学

栏目中，幼儿都用图文并茂的方式记录他们各自在探索和活动中获得的体验、认识、信息、发现或初步达成的共识，对于他们来说，每天的主题墙都是崭新的。随着主题墙创设的不断深入，为了让幼儿在探索乐园里尽情观察、探索、发现，教师应抓住契机，引发出许多有利于幼儿发展、挑战的子栏目，如“有趣的滚动”、“滚动的秘密”是在“会动的玩具”中进一步探索的新的主题。在这个过程中，幼儿不断收集、储存、整理、交流与分享信息，他们的观察、思考、交往及表达的能力均获得了提高。

分析：主题墙呈现的是一个动态变化的过程。这种变化伴随着幼儿的兴趣、探索内容纵深的发展蔓延，不断扩充、调整与更换，幼儿随时可根据自己获得的信息、经验，用自己的方式在其中表达自己的想法。这种动态化的主题墙的创设，生动、直观、真实地再现了师幼之间近距离的“对话”，从而让幼儿体验到成功的喜悦，拓展了思维。

(3) 在合作中创新

案例：在创设“我爱我家”（图 1.3.4）主题墙时，充分利用家庭资源来帮助幼儿积累相关的知识经验。首先让幼儿尝试以“家庭小记者”的角色用调查的方式了解家庭的主要成员及其相互间的关系。调查前，以小组为单位讨论如何调查、记录及制定调查表的项目，鼓励幼儿以符号或绘画的方式表现。这个活动得到了家长们的积极配合，在孩子一张张富有个性的调查表上，记录着爸爸妈妈对其的期望、最难忘的事情、最开心的经历等，让幼儿学会通过多种途径体验家庭的温暖、关怀与快乐。这些活动不仅使幼儿与墙饰积极互动，也带动了家长参与活动，让幼儿充分意识到，只有通过大家的团结合作，活动室环境才会更加美丽。

图1.3.4 我爱我家

分析：所谓三维互动，是指主题墙饰与幼儿、家长之间的三维互动。的确，要实现幼儿与幼儿之间、幼儿与教师及家长之间、幼儿与物之间的互动，少不了环境的支持与介入。教师也应认识到，只有让家长参与到富有创意的墙饰环境创设活动中去，才能让家长认识到环境对幼儿发展的意义，成为环境教育的支持者、理解者、欣赏者、响应者、参与者、创造者。

7. 如何使幼儿成为主题墙的创设者

(1) 尊重幼儿，提供展现想法的舞台

图1.3.5　我的心情故事

在主题墙创设中，首先注重的应是尊重幼儿，让幼儿成为环境的主人，关注幼儿的需要与兴趣，以此在预设活动的基础上随时捕捉幼儿有价值的兴奋点，进行有机生成，为墙面创设不断丰富而提供素材。

案例：在创设“我的心情故事”(图 1.3.5)的主题墙时，幼儿可以不受时空的限制，自由、大胆地交流和表现。在“表情区”中，幼儿用各种表情的脸谱在红、黄、蓝、黑心情区中表现着一幅幅童趣盎然的心情图……教师关注到幼儿的兴趣点，与其共同创设了“心情帽”。经过奇思妙想，主题墙上的帽子五彩缤纷、琳琅满目，有稻草编的草帽，有挂历纸折的小花帽，还有用各种一次性饭盒制作的玩具帽……脸谱娃娃们带上了神奇的心情帽，演绎着一个个动人的心情故事。

分析：“墙饰会说话”！让孩子在首席的位置上创设墙饰文化。幼儿以主人身份参与了整个主题墙的创设，对自己布置的环境也有一种特殊的钟爱和亲切感，他们在墙面上寄托自己的心愿，表达自己内心的情感需要，体验着成功的喜悦。

(2) 信任幼儿，满足每个幼儿能力所需

在墙饰的创设过程中，做支持性环境的创设者，征求和采纳不同层次幼儿的意见，有目的、有意识地鼓励幼儿参与收集布置材料，让每一个幼儿无拘无束、积极愉快地活动于其中。

图1.3.6　热闹的夏天

案例：主题墙“热闹的夏天”(图 1.3.6)，在“气息日记”版块中，有的幼儿对绘画感兴趣，教师让他以绘画的形式记录；对有一定讲述能力的幼儿，在“你喜欢夏天吗？”版块中把自己的想法讲出来，让家长用文字记录，展示在主题墙上。在“清凉一夏”的版块创设中，手工制作能力强的幼儿，让他尝试制作夏季的衣着，能力差的幼儿，请他用涂色、剪贴等方式参与。

分析：瑞吉欧教育体系创导者马拉古奇在他脍炙人口的诗歌《其实有一百》中写到：孩子是由一百组成的，孩子有一百种语言，一百只手，一百个念头，一百种思考、游戏和说话方式……当幼儿看到自己参与的劳动成果时，他们不仅获得成功的体验，而且也会主动去欣赏、领悟环境所蕴涵的教育内容，在欣赏别人时，引发幼儿提出新的问题，激发幼儿探索的欲望。

1.3.2 春夏秋冬主题墙饰的创设

主题墙饰主要是在幼儿园各班级教室中，以各学期相关教育内容为主题的各类墙饰设计，包括教室主、副墙饰设计，各区角的边饰设计，环境图示设计等。

主题墙饰的设计，要求主题鲜明突出，体现相关阶段教育内容，在教室整体的设计风格和内容上都要有明确的呼应和协调。同时，主题墙饰会因各时期教学目标的改变而更换频繁。

春季主题墙设计实例见图 1.3.7 ～图 1.3.10。

图1.3.7　春天在这里

图1.3.8　春天来了

图1.3.9　春天的小河

图1.3.10　春天的秘密

夏天主题墙创设实例见图 1.3.11 ～图 1.3.16。

图1.3.11　荷塘玩耍

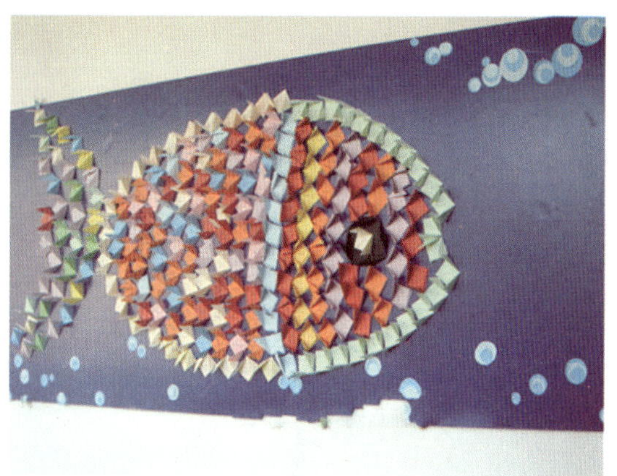

图1.3.12　快乐的鱼

图1.3.13　我的小伙伴

图1.3.14　夏天的池塘

图1.3.15　顽皮一夏

图1.3.16　丰收的小屋

秋天主题墙创设实例见图 1.3.17 和图 1.3.18。

图1.3.17　秋天的画报

图1.3.18　秋天的树为什么会掉叶子

冬季主题墙创设实例见图 1.3.19 ～图 1.3.23。

图1.3.19　冬天来了

图1.3.20　冬天里我喜欢的运动

图1.3.21　我给冬天选衣服

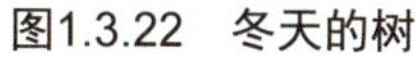

图1.3.22 冬天的树

图1.3.23 冬日商店

1.3.3 主题墙饰实例赏析

1. 人物（图1.3.24）

(1) 构思构图

主题人物形象突出，色彩浓艳，玩具动物在人物两旁相依，左上角吊篮的绿叶既均衡又有变化，在构图上起点缀画面的作用。

(2) 色彩搭配

明暗对比强烈，玫红色与深绿色、黄色与深紫蓝色、蓝色与橙红色，改变三原色的补色对比成分，使画面和谐统一。同时有意将人物的头发改为蓝色，提亮了画面色彩，具有装饰美感。

图1.3.24 人物

(3) 制作技巧

大色块即时粘贴牢固后，用铅笔轻轻画上轮廓，然后用小刀雕刻人物的头发、衣纹和动物头部等精细部位。

2. 采蜜（图1.3.25）

(1) 构思构图

仿自然的景物与抽象的图案综合在一起，树木、昆虫人格化，构图充满了大小、高低、横竖、粗细、疏密、冷暖、静动等多样对比统一。

图1.3.25 采蜜

(2) 色彩搭配

红、黄、蓝三原色的补色对比运用处理很好，色彩既丰富又谐调，具有装饰美感。

(3) 制作技巧

平面剪刻、卷曲折边、插接、半立体制作等纸雕技巧综合运用，用透明薄纱制作蜜蜂翅膀，起到了画龙点睛的作用。

3. 大树上下（图1.3.26）

(1) 构思构图

森林一角，小动物们快乐地玩耍。墙饰形象突出，色彩浓艳，画面具有空间感、层次丰富，大树的绿叶颜色鲜艳又有变化，在构图上起到突出主题的作用。

(2) 色彩搭配

色彩对比强烈，明暗反差大，主题鲜明突出，色彩搭配恰当，浅玫瑰红色与绿色、黄色与紫色、淡蓝色与橙色形成鲜明的对比，大胆地运用黑色衬托景物，使画面更加明朗与协调。

图1.3.26　大树上下

(3) 制作技巧

剪刻、平贴、折叠、交叉、插接等技巧综合运用，采用美术卡纸制作。

4. 动物乐园（图1.3.27）

(1) 构思构图

构思大胆，画面饱满，既多样又统一，造型优美，构图诸多因素的运用恰到好处，作者有意识地制造各种矛盾对比，使画面具有节奏感、韵律感和视觉美。

(2) 色彩搭配

色彩丰富，多而不杂、艳而不厌，前景色彩繁杂，但色调较暗，突出中间主题动物的神态和背景中亮丽阳光照耀的交错起伏的山坡，色彩明暗层次及冷暖对比处理得很好，气势磅礴且瑰丽稳重。

图1.3.27　动物乐园

（3）制作技巧

多种技法综合运用（如平贴、折叠、卷曲、插接、喷洒点状），采用不同的纸张、不同的材料，巧妙自然地组合（如真树皮做树干，挂历纸做石头等）。

5. 荡秋千（图1.3.28）

图1.3.28　荡秋千

（1）构思构图

采用舞台布置设计，左右两边浓重的色块犹如舞台侧幕的布置道具，简略粗大的树干和栅栏形成对比，弯曲的细线做成的藤蔓产生飘动感。顽皮的小猴被刻画得精细传神，起到了画龙点睛的作用。

（2）色彩搭配

橙黄色和粉绿色在画面上和谐统一，舞台主角——小猴身上的几点红色对比生动有趣。

（3）制作技巧

采用美术卡纸剪刻平贴，树干边缘卷曲，小猴采用插接技巧，画面上方的树叶采用五层粘贴，构成树木繁茂的纵深感。

6. 动物世界（图1.3.29）

（1）构思构图

动物造型简单夸张、优美悦目，是极佳的配合幼儿教学的挂图作品。

（2）色彩搭配

背景的黑色将所有动物色彩加以衬托，使画面色彩整体谐调，具有独特性和装饰美感。同时一大块灰草绿色的树形，将小昆虫托起，周围的动物又有所衔接，使画面的色彩和造型多而不乱。

图1.3.29　动物世界

（3）制作技巧

平面造型与立体造型相结合，插接、折叠与层层粘贴相结合，变形仿自然的造型与单纯几何图形相结合。

7. 猪仔舞蹈（图1.3.30）

（1）构思构图

构图具有对称性，画面充满了节奏感和韵律美，既有动画又有秩序的排列。上下红花绿叶的重复排列给人美感，三只小猪在有序的排列中又有变化，呈现出装饰美，画面构思构图既多样又统一。

图1.3.30 猪仔舞蹈

（2）色彩搭配

色彩艳丽大气，饱和舒展，红花配上金色的花蕊，灰蓝色和绿色叶子既具有民族特点，又具有现代平面装饰格调，加上白、黄、黑等颜色的搭配，色彩既瑰丽又稳重，明度和纯度的关系处理恰当。

（3）制作技巧

充分利用各种材料的肌理特性，采用切、剪、折、卷、叠、插接等纸雕技巧精细制作。

8. 在农场里（图1.3.31）

（1）构思构图

既表现具体事物，又不拘泥于具体事物的形体特征，以提炼、简化、变形、夸张等艺术手法构图，纵横、疏密、大小、明暗的对比，形成有趣的纸雕艺术品。

图1.3.31 在农场里

（2）色彩搭配

五颜六色分布于画面中，色彩鲜明和谐，白色变形的牛、羊、猪仔在绿底色上十分醒目。右上角的白云使画面色彩均衡，起到支撑、点缀的作用。

（3）制作技巧

采用粘贴与重叠相结合。恰如其分地以折叠、插接等纸雕技巧制作动物和花卉，动物身上的金色亮片起到加强装饰的作用。

9. 樱花时节（图1.3.32）

（1）构思构图

构图多样均衡，各种因素的对比应用自然巧妙，充分体现出儿童参与制作的特点。

（2）色彩搭配

强烈的对比色使画面单纯中有丰富、统一中有多样的效果（如玫瑰红色与绿色）。远景树林的色彩层次运用得很好；近景的深绿色与暗紫蓝色对比，使画面既有纵深感又有阳光感。

图1.3.32　樱花时节

（3）制作技巧

平贴、卷曲、插接、折叠等多种技巧灵活运用。

10. 孔雀（图1.3.33）

（1）构思构图

采用渐变和发射性的平面构成语言，并以色块分割的方法处理画面，构图均衡，画面简洁，造型具有现代感。

（2）色彩搭配

以周围的灰蓝色调突出中间的孔雀，中央的暖色调和明朗的造型使画面生动瑰丽，富有装饰变形的美感。

（3）制作技巧

用玻璃即时贴剪刻粘贴。

图1.3.33　孔雀

11. 科技之春（图1.3.34）

（1）构思构图

采用抽象拟人化的表现手法，使没有生命的机器人人格化，欣欣向荣的红花象征着科技春天的来临。构思大胆，构图均衡。

（2）色彩搭配

冷暖补色对比鲜明，纯度、明度之间处理很好，背景错落有致。

(3) 制作技巧

用即时贴在玻璃上粘贴，材料的颜色、文理要恰当选择。

12. 飞翔的小鸟（图1.3.35）

(1) 构思构图

构思构图大胆新奇，充满了浪漫的诗意和童趣，把自然景物复杂的形体、质感还原到最基本、最简单的几何图形。该墙饰采用概括、简练、变形、夸张、重复等手法，使画面充满节奏韵律的美感。

(2) 色彩搭配

充分利用不同材料的肌理效果搭配色彩，具有柔和和瑰丽的美感。

(3) 制作技巧

采用平面剪刻粘贴、折叠、插接等手法，并利用彩色包装带交叉制作花圃，用瓦楞纸边条制作栅栏，材料运用自然贴切。

图1.3.34　科技之春

图1.3.35　飞翔的小鸟

13. 过家家（图1.3.36）

(1) 构思构图

构图具有舞台效果，采用了现代表现手法，复杂与概括相结合，充满了矛盾对比的节奏感。

(2) 色彩搭配

既有对比的复杂色块，又有柔和的色调，充满童稚的幻想。玫瑰红色与草绿色、淡黄色与紫蓝色、淡蓝色与橙黄色的对比补色运用巧妙，为画面增添了光彩。

(3) 制作技巧

采用各种美术卡纸、瓦楞纸制作，平面与立体相结合，大块面与精细剪刻相结合，并将动物边缘卷曲，使之具有立体感。

图1.3.36 过家家

思考与练习

1. 简述幼儿园墙饰设计与制作的特点。
2. 结合幼儿身心及智力发展的特点、教育内容及认知能力，利用废旧物品创作常规墙饰与互动墙饰。
3. 布置一面以春天为主题的墙饰作品。

项目测评

<table>
<tr><th>项　目</th><th>要　求</th><th>评分标准</th><th>学生自评</th><th>学生互评</th></tr>
<tr><td rowspan="5">幼儿园
墙饰创设</td><td>墙饰基础知识</td><td>1）了解墙饰的基本分类和要素；
2）熟练掌握墙饰的制作原则和基本方法</td><td></td><td></td></tr>
<tr><td>墙饰制作要领</td><td>1）墙饰设计合理，能激发幼儿兴趣；
2）能运用多种材料和不同技法制作墙饰</td><td></td><td></td></tr>
<tr><td>特色</td><td>1）体现幼儿园特色与班级教育特色；
2）墙饰设计具有新颖性、独创性</td><td></td><td></td></tr>
<tr><td>教育效果</td><td>1）能满足幼儿情感、社会性、认知、语言、动作技能等多方面的需要；
2）基本实现全面教育目标</td><td></td><td></td></tr>
<tr><td>安全性</td><td>材料投放和设计符合安全标准，符合卫生要求</td><td></td><td></td></tr>
<tr><td>教师评述</td><td colspan="4">指导教师：
年　　月　　日</td></tr>
</table>

项目2

幼儿园公共区域环境创设

【项目描述】

该项目是幼儿园班级环境创设课程的核心内容，能根据幼儿的需求，巧妙利用幼儿园公共区域的空间与结构创设出楼梯、拐角、走廊、活动室等有利于幼儿互动的公共区域环境。

【学习目标】

- 了解公共区域的设计原则和分类。
- 了解环境创设过程中要注意的各种不安全因素。
- 能合理利用、投放废旧材料，并用其布置公共区域环境。
- 能合理利用公共区域空间、结构创设环境。
- 能熟练掌握楼梯、拐角、走廊、活动室等场所的环境设计技巧。

任务2.1 认识幼儿园公共区域环境

环境可以启发幼儿的智力，幼儿园的环境布置可以让幼儿潜移默化地得到教育，同时在幼儿参与布置的过程中，很大程度上可获得认知的发展，激发其学习兴趣和求知欲望。幼儿园应减少无用的空间，尽可能利用所有的空间资源，大到公共活动区域、草坪，小到门厅、拐角、盥洗室的镜子和水龙头都能吸引幼儿的注意，幼儿走到哪里，哪里就成为激发其潜力的因素。

2.1.1 公共区域环境的设计要求

1. 保护公共区域环境创设的整体性

首先，环境创设内容要全面、系统。其次，要体现出主次关系及层次性。充分开发空间潜能，凡是幼儿发展、教育目标所涉及的领域，就应有相应的环境，如有发展身体的、有发展认知能力的、有发展社会性的等。既要注意不同领域、不同方面内容的横向联系，又要在纵向上由易到难、由简单到复杂，依次递进，整体体现本园特色。

2. 合理利用公共区域空间，科学划分各个公共区域

所谓公共区域就是利用活动室、睡眠室、走廊、门厅及室外场地，提供、投放相应的设施和材料，为幼儿创设的公共区域活动的场所。

3. 不能只关注“表象”

盲目追求“精美”的、以装饰功能为主的环境创设，会降低环境创设的教育性，也减少了幼儿表现自己、树立自信心的机会。

4. 不应长期固定不变环境创设的内容

单一的创设手法会禁锢幼儿丰富的想象力，减少孩子动手操作及与周围环境之间相互积极作用的机会。

5. 公共区域环境创设中的注意点

在实施区域环境布置的过程中，必须做到“低”。

1）视角要放低。要以幼儿的眼光和需要来评判环境创设。

2）成本要降低。环境创设的成本体现在两个方面：一是经济，应注重实效；二是时间与精力。

3）视线要压低。即公共区域环境设计不能以成人视平线的高度为准界，而应以幼儿的视线和幼儿够得着为标准。

2.1.2 公共区域环境的基本分类

利用幼儿园公共区域的空间结构和幼儿认知规律，提供、投放相应的设施和材料，为幼儿创设公共活动场所。

这种划分并不固定，在具体操作时可视情况化整为零、灵活搭配。场地大的幼儿园，可设置宽敞的公共活动区；场地较小的，可设置小型公共活动区。有条件的幼儿园还应设置大型的公共活动区，如图书馆、科学馆、游泳馆、体育馆等，以期创设更好的环境、投放更丰富的材料，为各个年龄段的幼儿提供有效的公共活动场所。无论是哪种类型的公共活动区，材料的投放都要注意丰富多样、分出层次（适合不同水平的幼儿），并适时增添和更换。

公共区域的设置原则和区域的分类可参考以下实例。

1）走廊可设为展示区，设置各类橱窗、展示栏等（图 2.1.1 和图 2.1.2）。

图2.1.1　走廊环境1

图2.1.2　走廊环境2

2）为杜绝安全问题，装饰物不宜花哨、不宜过多，色彩应简单明快（图 2.1.3 和图 2.1.4）。

图2.1.3　走廊环境3

图2.1.4　走廊环境4

3）悬挂物的位置要根据需要摆放，不可随意悬挂，否则会造成视觉上的混乱。一般在走廊、楼梯口上方、班级活动室或各类活动室、大厅都可以悬挂。悬挂物的内容和形式应结合主题教学内容，形成整体呼应效果（图 2.1.5 和图 2.1.6）。

图2.1.5　绘画作品吊饰1

图2.1.6　绘画作品吊饰2

任务2.2　公共区域环境制作实例

幼儿生性活泼好动，因此，创设良好的公共区域活动环境对于完善幼儿心理社会环境，促进幼儿身心健康发展很有意义。幼儿园的公共区域活动环境场地按照不同的活动功能可分为以下若干区域。

2.2.1 走廊环境的设计与布置

走廊（图 2.2.1 ～图 2.2.15）是幼儿、家长必经的地方，在走廊的布置上，特别要注意让环境与幼儿“对话”。同时，教师也要引导家长参与，让走廊环境与幼儿、家长积极互动。

图2.2.1　走廊动植物形象吊饰1

图2.2.2　走廊动植物形象吊饰2

图2.2.3　走廊动植物形象吊饰3

图2.2.4　走廊动植物形象吊饰4

图2.2.5　走廊动植物形象吊饰5

图2.2.6　走廊动植物形象吊饰6

图2.2.7　走廊动植物形象吊饰7

图2.2.8　走廊现代抽象吊饰1

图2.2.9　走廊现代抽象吊饰2

图2.2.10　走廊现代抽象吊饰3

图2.2.11　走廊现代抽象吊饰4

图2.2.12　走廊环保吊饰

图2.2.13　走廊传统手工吊饰1

图2.2.14 走廊传统手工吊饰2

图2.2.15 走廊传统手工吊饰3

在布置走廊时，要注意与周围环境的协调，同时也要考虑让它成为幼儿活动的新天地。教师要考虑到各种安全隐患，在固定吊饰时应选择使用安全图钉，并要经常性地进行检查，避免图钉松动跌落，在材料的选择上要选用软的、没有尖角的、环保的物品，要尽量避免使用可能对幼儿造成伤害的材料。

2.2.2 楼梯环境的设计与布置

1. 安全与清洁——楼梯环境的基本要求

楼梯宜采用原木铺设，天然的材质不仅符合环保，而且原木具有一定的韧性，可起到减震的作用。幼儿在上面行走感觉舒适，有助于脚的发育（图 2.2.16 ～图 2.2.19）。

图2.2.16 楼梯环境1

图2.2.17 楼梯环境2

图2.2.18　楼梯环境3

图2.2.19　楼梯环境4

2. 促进运动和认知的发展——楼梯环境的教育价值

走楼梯能促进婴幼儿大肌肉群的发展，提高其动作的协调性和身体的平衡能力。

楼梯平台的两侧可贴上幼儿及其家人的照片，满足其情感需要；也可悬挂布袋，在其中放入各种图书，供幼儿在休息时阅读，布袋里还可根据幼儿近阶段的发展情况和兴趣放置各种物品，吸引他们去摸摸、捏捏、看看。

2.2.3 午睡室环境的设计与布置

午睡是根据幼儿的年龄特点和身体需要而设置的，对“促进幼儿身体正常发育和机能的协调发展，增强体质，培养良好的生活习惯、卫生习惯和参加体育活动的兴趣”起着重要的作用。

午睡室环境布置的基本要求有如下 4 点。

1. 室内布置要得当

通过调查发现：很多幼儿园寝室环境的布置表面看来整齐、美观，有的甚至色彩鲜艳，虽然很具有观赏性，但实用价值不高。午睡室的布置应给孩子一种温馨宁静的感觉，易于稳定孩子情绪。

2. 光线要柔和

幼儿午睡室的光线直接影响幼儿的入睡速度。通过对比实验发现，光线过强时，幼儿普遍入睡较慢，而且近年来不断有科学研究证明，睡眠时光线过强会导致视力下降，长期在这样的环境中睡眠，还会导致免疫功能的下降。因此，教师要全面考虑幼儿的各种因素，为午睡室配置合适的窗帘，以保证午睡室的光线适宜。

3. 空气要新鲜

午睡室里的新鲜空气可以促进血液循环，帮助胃、肠道将食物消化得更完全。同时，新鲜的空气还能安抚神经，让幼儿有更恬静和美好的睡眠。为保证午睡室的空气质量，教师必须每天定时通风。

4. 温度要适宜

幼儿的睡眠环境以25℃左右为宜。温度偏低或偏高都不利于幼儿的睡眠，因此教师要保证午睡室的温度。天热时，提前半小时打开空调，确保幼儿一进入午睡室就感到舒适。

只要教师有心，午睡室就会成为幼儿健康成长的温馨摇篮（图2.2.20～图2.2.22）。

图2.2.20 午睡室环境1

图2.2.21 午睡室环境2

图2.2.22 午睡室环境3

2.2.4 舞蹈室环境的设计与布置

幼儿经常参加生动活泼的舞蹈活动，可以增强他们的体力，促进其骨骼、肌肉、呼吸系统、神经系统和循环系统的机能发育，加快幼儿新陈代谢，使他们的肌体不断生长发育。

舞蹈可以陶冶幼儿的性格和品德，幼儿园开展良好的舞蹈教育，使幼儿在轻松、活泼、愉快的环境中通过身体动作去感受音乐，通过表情、动作表达自己的思想感情，易使幼儿形成活泼、开朗、热情、大方的性格。因此，幼儿舞蹈也是幼儿形成良好性格的重要工具。

幼儿舞蹈可培养幼儿的观察力、注意力、思维能力、记忆力。教师用充满活力的、姿势多变的体态面对幼儿，用亲切、愉快、有幽默感和鼓励性的目光直视幼儿，用速度、力度变化丰富且强调语义和情感的语言向幼儿说话，这些方法特别有助于年龄较大的幼儿迅速集中注意力。

开展幼儿园舞蹈教育活动，有利于培养幼儿对音乐舞蹈的兴趣，发展幼儿的智力，培养幼儿良好的个性品质，与此同时还可以满足锻炼幼儿想象力、联想力，培养其思维和创造力的需求，以及幼儿交流合作的需要。

正因为舞蹈教育对幼儿的身心发展有着其他教育方式所不可替代的作用，所以幼儿园就更应为该教育活动提供实施场地。舞蹈室应宽敞明亮、配备相应的练习设施（如镜子、把杆等），并确保设施的安全性，以保证幼儿在进行舞蹈活动中的安全(图 2.2.23 ～图 2.2.25)。

图2.2.23　舞蹈室环境1

图2.2.24　舞蹈室环境2

图2.2.25　舞蹈室环境3

2.2.5 其他公共区域环境欣赏

教师应充分利用幼儿园资源，让环境与空间结构更加融洽，让幼儿的生活环境更舒适，生活内容更丰富。以下是幼儿园“区域创设大变脸”的一些实例。

1. 过道变“建筑屋”

二楼门厅的“建筑屋”里最热闹，教师为幼儿准备了拼图、插雪花片、大型积木、插塑、智力拼板、七巧板等。小小“建筑师”在这里乐此不疲地修建高楼、组合大桥、搭建公园，尽情发挥他们的想象力。

2. 长廊变“书屋”

“嘟嘟书屋”是幼儿最喜欢去的地方。在这里，琳琅满目的图书适合各个年龄段的幼儿，舒适、温馨的读书环境让“小问号们”常常看得乐不思归。

3. 楼梯间变“体育室”

一到户外活动时间，幼儿就在教师的带领下一路欢呼，到本班就近的“体育室”里挑选自己感兴趣的体育用具。传统的铁环、陀螺、橡皮筋绳，现代的板羽球、溜溜球等都一一在列，操场上、草坪里撒下了孩子的欢声笑语。

4. 门厅变“美工区”

一到美工区，一个个小巧玲珑的画架，一张张稚嫩感人的涂鸦，让每一个来访者莫不充满了感动。幼儿是天生的画家。在这里，泥工、纸工（折、剪、撕、贴、玩）、水彩、水粉、废旧物品制作、纸形、涂色添画等让每一个“小画家”都能找到自己感兴趣的创作舞台。

5. 音乐屋

架子鼓、三角铁、双响筒等应有尽有；三拍子、四拍子、多声部等欢乐无比。在这里，幼儿用他们的灵感抒写了一曲曲成长之歌。

幼儿园公共活动区域既是一个有准备的、丰富的、精心设计的、有序的环境，又是一个开放的、变化的、有多种探索发现机会的环境。在这里，地面、墙面、桌面被充分利用，环境布置、材料、设备等蕴涵的教育因素充分发挥作用，儿童获得充分活动，身心和谐发展，使他们在快乐的童年生活中获得有益于身心发展的经验（图 2.2.26 ~图 2.2.33）。

图2.2.26　科技活动室

图2.2.27　美术活动室

图2.2.28　图书阅览室

图2.2.29　美发屋

图2.2.30　手工坊

图2.2.31　卫生间

图2.2.32　科学探究室

图2.2.33　健身房

思考与练习

1. 幼儿园公共区域环境应遵循哪些设计原则?
2. 幼儿园公共区域环境涉及哪些注意事项?
3. 幼儿园公共区域环境应该怎么分类?
4. 幼儿园公共区域环境的设计要求有哪些?
5. 试着设计与布置走廊环境。
6. 试着设计与布置楼梯环境。
7. 试着设计与布置午睡室环境。
8. 试着设计与布置舞蹈室环境。
9. 试着设计与布置游泳池环境。
10. 试着设计与布置其他活动区域环境。

项目测评

项　　目	要　　求	评分标准	学生自评	学生互评
公共区域环境概述	公共区域环境的设计要求	1）保护公共区域环境创设的整体性； 2）合理利用公共区域空间； 3）不能盲目追求“精美”； 4）内容的可变性		
	公共区域环境创设中的注意点	1）以幼儿的眼光和需要来评判环境创设； 2）成本； 3）设计高度		
	公共区域环境的基本分类	1）科学划分公共区域的空间结构； 2）符合幼儿认知规律，提供、投放相应的设施和材料		
教师评述	指导教师： 年　　月　　日			

项目3

幼儿园小班教室环境创设

【项目描述】

幼儿园小班教室环境创设是幼儿园班级环境创设课程的核心内容之一，通过对幼儿园小班教室的设计与布置，结合小班幼儿善于模仿的心理特点和小肌肉群不够发达的生理特点，创设出针对小班幼儿年龄段，促进其身心和谐发展的小班教室环境，让幼儿在与班级环境的互动中得到发展。

【学习目标】

- 掌握小班教室区角的设计与布置。
- 能熟练策划、设计小班教室主题环境。
- 能带动幼儿参与策划、设计本班教室环境。

任务3.1 小班教室环境的策划与布置

3.1.1 小班教室区角的设置

在区角活动中，小班幼儿能根据自己的爱好、兴趣和能力，自主、宽松、愉悦地学习。幼儿进行的是自发的学习，他们积极地与环境发生互动作用。良好的区角活动环境能为幼儿提供自我学习、自我探索、自我发现、自我完善的空间。

1. 小班环境创设基本原则

1）选择色彩鲜艳、形象夸张的造型，吸引幼儿的目光。

对于刚刚入园的小班幼儿来说，兴趣是占主要地位的。因此，那些鲜艳、饱和的色彩能够吸引孩子的目光。针对这一特点，在小班区角环境的色彩搭配方面尽量选择红、黄、蓝、绿这些小年龄幼儿所认识和接受的大色块，让幼儿一进教室就有童话城堡般的视觉感受。

选择可爱夸张的卡通动物造型。在选择区角环境内操作材料的造型方面多以小年龄幼儿所熟悉的小兔、小鸡、小狗等动物为主要造型，其中还可穿插一些电视中比较热门的卡通动物。当幼儿看到这些惹人喜爱的动物时，会情不自禁地投入区角游戏的活动。

2）选择贴近幼儿生活、游戏化情景强的内容，激发幼儿的学习兴趣。

爱玩游戏是每个孩子的天性，尤其对低年龄的幼儿来说，良好的区角活动环境能为幼儿提供自我学习、自我探索、自我发现、自我完善的空间，相对宽松的活动氛围，能满足幼儿发展的需要。

3）选择具有投放层次性的材料，满足不同幼儿的不同需求。

每个幼儿的认知水平、经验和能力都是不同的，区域活动的最大特点就是能为不同能力、不同兴趣的幼儿提供适于其发展的活动环境。因此，在活动中，教师应根据不同年龄段幼儿的身心特点投放不同层次的活动材料，做到有的放矢。投放材料时，要注意提供难度不同的材料，按照由浅入深、从易到难的要求，使材料“细化”，充分发挥活动材料的优势，使幼儿在与材料的“互动”中积累各种经验。而根据幼儿能力的不同，提供操作难易程度不同的活动材料，更便于老师对不同能力的幼儿进行针对性的指导和帮助，更好地做到因材施教，促进幼儿在原有水平上的提高。

2. 小班环境创设基本思路

（1）符合小班幼儿的年龄发展特点

① 选用幼儿喜欢的，颜色鲜艳、线条清晰的卡通形象；

② 根据幼儿的发展水平和兴趣所在，设计了许多操作性强的玩教具；

③ 丰富“图书区”，培养幼儿的阅读兴趣和阅读习惯；

④ 增加“饲养角”，满足幼儿关注除自身以外生命的需要；

⑤ 平台上的“辅助线”帮助幼儿站线、走线。

(2) 让幼儿与环境更好地进行互动

① 作品展示区，让幼儿参与环境创设；

② 走到哪，玩到哪，丰富的操作材料。

(3) 以幼儿的角度和需求作为第一出发点

① 玩具的摆放、作品的展示，方便幼儿取放及观看；

② 在建筑区增加引导线，方便幼儿进行搭建操作；

③ 取消玩胶泥需要使用垫板的规定；

④ 根据幼儿喜欢厨房游戏的需要，增设适合幼儿高度的灶台、趣味烧烤等新玩法。

(4) 在感受操作快乐的同时得到能力的提升

增加多种操作材料，锻炼幼儿的手部精细动作，提升幼儿的能力。

3. 区角的设置

(1) 活动区数量

活动室的空间大小决定了活动区的数量。一般来讲，小班可设置 3 ~ 5 个活动区，如小小炊事员、娃娃家、玩具区、图书区等。根据小班幼儿的年龄特点，活动区可设两个娃娃家，使幼儿感到亲切适意，尽快适应幼儿园的生活。

(2) 活动区设置原则

① 营造家的氛围很重要，让幼儿情绪稳定，才能够进行接下来的活动；

② 小班的环境布置一般是围绕娃娃家区域来进行的；

③ 在这个区域内，提供一些桌椅（可以使用废旧盒子拼搭，但一定要美观），操作区可以生活操作为主；

④ 提供小碗，让孩子进行倒珠子、舀珠子等活动。

(3) 活动区设置的关键词：温馨、暗示

① 娃娃家区：活动围绕本区域为中心；

② 图书区：亲和但不随意；

③ 建构区：可以设在娃娃区边上；

④ 其他区域：故事角、饲养角；

⑤ 提示性标语很重要；

⑥ 温馨的家居感很重要；
⑦ 操作内容以生活操作为主。

4. 区角创设

(1) 幼儿园活动区角的合理划分及原则
① 半开放原则。
② 定与不定原则。
③ 渐进性原则。
(2) 应该注意的事项
① 应注意空间上的挖掘；
② 应注意动静的交替；
③ 区域应该是独立而开放的；
④ 安全应该是区角布置考虑的前提；
⑤ 材料的投放要丰富多样；
⑥ 尽量利用本土资源。

5. 案例分析

(1) 娃娃家（图 3.1.1 ～图 3.1.6）

图3.1.1　娃娃家环境1

图3.1.2　娃娃家环境2

图3.1.3　娃娃家环境3

图3.1.4　娃娃家环境4

图3.1.5　娃娃家环境5

图3.1.6　娃娃家环境6

创设目标：

① 幼儿愿意参加角色游戏，在游戏中情绪愉快；

② 幼儿愿意用语言与别人交往，喜欢应答，并能注意倾听他人说话；

③ 在游戏中幼儿能够自由想象与模仿，以自己的方式表达对周围生活的认识和理解；

④ 幼儿能够体会规则的作用，愿意遵守游戏规则；

⑤ 在一日生活中，培养幼儿的生活自理能力和独立性，让幼儿树立“我会”、“我行”、“我能自己做的”的信心；

⑥ 幼儿能够按标志摆放物品，学习简单的物品分类，如蔬菜、水果、用具等；

⑦ 幼儿知道自己的事情自己做，逐渐提高生活自理能力。

（2）图书区（图 3.1.7 ～图 3.1.10）

图3.1.7 图书区环境1

图3.1.8 图书区环境2

图3.1.9 图书区环境3

图3.1.10 图书区环境4

创设目标：

① 幼儿愿意用语言与别人交流，并能注意倾听他人讲话；

② 幼儿愿意与同伴交流，表演故事和儿歌等内容；

③ 幼儿学习与同伴分享图书，感受一起阅读的快乐；

④ 幼儿体验规则，知道爱护图书、按标志取放图书等。

（3）建构区（图 3.1.11 和图 3.1.12）

图3.1.11　建构区环境1

图3.1.12　建构区环境2

创设目标：

① 对建构游戏感兴趣，逐步与同伴分享玩具材料，体验游戏过程的快乐；

② 喜欢探索不同玩法及搭建、拼插方式；

③ 体验规则作用，对不同的建构材料进行简单的分类摆放；

④ 喜欢与同伴交流，表达自己搭建的感受和发现；

⑤ 学会投放辅助材料，如房顶、停车场等，让幼儿认识不同的房顶、简单的标志（停车场标志、信号灯）等。

（4）其他区角

其他区角的环境创设实例见图 3.1.13 ～图 3.1.19。

图3.1.13　“收银台”、“超市”环境

图3.1.14　益智区区角环境

图3.1.15　自然区区角环境1

图3.1.16　自然区区角环境2

图3.1.17　宠物医院区角环境

图3.1.18　售票大厅区角环境

图3.1.19　车站餐厅区角环境

3.1.2 小班教室主题环境的创设

《幼儿园工作规程》明确指出："创设与教育相适应的良好环境，为幼儿提供活动表现的机会和条件。"《幼儿教育课程指南》中又提出："应创设适合幼儿发展的支持性的环境。环境的创设和材料的提供，既要适合幼儿的现有水平，又要富有一定的挑战性，让每个幼儿在与环境、材料的有效互动中，大胆地探索、充分地表达，获得各种有益的经验。"由此可见，环境是重要的教育资源，它就像是一位不会说话的教师，所以，在开展主题活动时，主题环境的创设是一个必要环节，只有给幼儿准备一个适宜的环境才能更好地体现与巩固主题教育，才能开创一个教育的新纪元。所谓主题环境就是包括围绕主题活动所创设的一切物质和精神环境，包括主题墙面、主题区域、主题游戏等环境的创设。由于小班幼儿的年龄特征决定了他们对环境的认识还是感性的、具体的、形象的，常常需要把环境的创设与生活经验相联系，与游戏情景相结合，在一种生活化、情景化的环境中与其产生互动，为幼儿提供活动和表现的机会与条件，使幼儿在与环境的相互作用中生动、活泼、主动地发展。具体做法如下。

1. 创设生活化的主题环境，让幼儿在家庭式氛围中快乐成长

幼儿园教学内容回归幼儿的生活，是当前幼儿园教改的核心理念之一。生活化是幼儿园环境创设的源泉。小班幼儿的发展特点和学习能力决定了幼儿园的环境创设必须是与幼儿的生活相关联的。生活化是幼儿园环境创设的现实背景，不考虑现实生活背景的环境创设不可能真正是适宜儿童的环境。众所周知，幼儿年龄越小，教育与生活的关系也越密切。小班幼儿刚刚离开关心呵护自己的父母，情感特别脆弱，容易产生情感缺乏。这时，幼儿园创设一种家庭式的氛围就显得尤为重要了，使幼儿感到亲切、自然，充满人情味，从而使幼儿适应新生活、获得经验、得到发展。因此，幼儿园应提倡生活教育，注重教育的生活化，从生活经验中选取环境创设的内容，让幼儿感受家庭式的氛围。

(1) 主题环境创设注重幼儿生活经验迁移

主题活动的开展尤为注重，从幼儿的生活经验出发，在主题情境中让幼儿充分体验和感受。因此，在设计过程中，根据主题的核心内容与要求，来确定主题展开的基本线索与内容。变以往装饰性的环境为富有挑战性的环境，将主题活动的内容融入整个活动环境之中，并根据各主题的要求创设与主题相关的各类环境，注重生活经验的迁移。例如，在开展小班"娃娃家"的主题活动时，环境创设是以点状式呈现的：在一个区域里，设计"亲亲一家人"，引导幼儿利用不同的材料做镜框，摆设幼儿和爸爸妈妈的合影，温馨又亲切；在另一个区域里，则提供各种长毛绒小动物和幼儿小时候的衣服、鞋子、梳子、发卡等物品，让幼儿

为动物宝宝穿衣服鞋袜，体验梳妆打扮的乐趣，体验做爸爸妈妈的感觉，在此过程中为幼儿提供学习穿衣的练习机会，锻炼了手部小肌肉群；在其他区域里，为幼儿提供相当丰富的娃娃家餐具和灶具、各类玩具和“蔬菜”等，让宝宝体验过家家烧饭的乐趣。

在有联系的环境中，幼儿的家庭生活经验得以拓展和整合。幼儿在一个可供选择的、富有情趣的环境中容易被激发探索的兴趣，从而在与环境的互动中生成新的活动。幼儿在相互有联系的主题背景环境中，整合地运用和获得相关经验的迁移。例如，在角色游戏娃娃家中，“爸爸”“妈妈”们都忙得不亦乐乎，有的去商店买菜、有的去上班、有的照顾宝宝。小好买来了鱼正准备放在锅里烧，小思问：“你的鱼洗过了吗？”“还没有呢！我到水池那去洗洗。”“不行，你得用刀把它的鳞片刮掉了！”……在生活中，幼儿通过观察，积累了一定的生活经验，可以在这种特定的游戏环境中分享个体的经验，尝试新的方法，获得新的感受，幼儿的生活经验得到了迁移。这样不仅可以进一步激发幼儿学习的动机，也可以为幼儿提供相互学习的平台。

（2）主题环境创设让幼儿体验家的温暖

首先应充分利用家具设施功能进行区域的划分：高柜既能陈列玩具，放置幼儿自己的展示作品，又能作为区域间的隔墙，挡住幼儿活动时的视线，减少注意力的分散。矮柜可作为区域的门墙，使每个区域有一种“家”的感觉，温馨、安全、自由，同时又可作为操作平台使用。幼儿常用的小方桌可以成为画台或是区角中的操作台。改变以往桌不离椅放中间的传统习惯，使原来不大的教室变得相对宽敞，方便了集体的教学活动，又提高了安全性。幼儿对富有新意的环境总是表现出特别敏感且有兴趣。另有研究表明，幼儿在一个类似母体中包围着他的、相对狭小的空间里，从心理上是感到最安逸、最舒适的。小班幼儿在亲切、温馨如“小窝”般的区角里，总是很安心、专注、快乐地进行活动。例如，在小班的生活区里，用矮柜围成一个半开放的区域，柜面摆放幼儿做的小篱笆和小花，在墙面上画上窗户，用布做出漂亮的窗帘，里面放上小沙发、小圆桌、铺上桌布……俨然是一个童话里的小家。在这样的“小家”里，幼儿边看边玩，在“家”的氛围里，扮演“爸爸”、“妈妈”，给“宝宝”穿衣服、扣扣子，把衣服挂好、叠整齐，给小篱笆上钉上漂亮的小花……

2. 创设情景化的主题环境，让幼儿在愉悦的游戏中自由玩耍

“任何教学形式都没有情景教学来得直观、深刻”，情景化的教学方式对低龄幼儿尤为重要，具有一定情景的游戏，不但趣味性强，而且能让孩子迅速进入情境，进入角色，既给他们以可感性，加深记忆，同时又可提升其兴趣。因此，环境创设还必须体现情景化。

情景化的主题环境创设是由幼儿年龄特征所决定的，小班幼儿好奇心强，又好动，其认识活动主要是依据感觉、动作和表象进行的，易受外界干扰。因此，情景创设应充分体

现互动性，尽量根据幼儿的年龄特点、兴趣爱好及身心发展的需要来创设他们的活动环境。小班幼儿的活动是不能脱离情境的，他们需要成人的不断提示和启发才能开展游戏，创设活动情景可以更好地帮助幼儿想象，让幼儿在愉悦的游戏中自由玩耍。

（1）主题环境与区域环境的有机整合

主题活动是一种整合性的活动，具有开放性、综合性、整体性的特点，往往一个主题的内容可以涉及生活、数的概念、音乐、美术、语言、运动、游戏等多个方面，是一个有机的网络化的结构。而区域游戏环境的创设正是实现主题教育目标的重要途径。材料是支撑幼儿游戏的基础。根据主题活动的目标有计划、有目的、有选择地投放游戏材料。

小班幼儿对新材料的兴趣往往只能维持几天。在同一区域活动中，需要不断增添新的活动材料，才有利于幼儿的探索、发现与提高，使幼儿的游戏内容更趋丰富，促进幼儿游戏主题纵向、横向发展。例如，在“轱辘轱辘”主题区域“汽车城”板块中，教师先为幼儿提供了许多玩具汽车，在幼儿熟悉了各种车的名称和开动方法后，教师又在区域中添加了用纸盒制作的公路模型，在公路上设置了一些红绿灯的标志，使游戏情景化。几天之后，幼儿的兴趣稍有减退时，教师又投放了一些木头积木和一些塑料积木，在公路的周围搭起了楼房、桥梁和一些树木，计划建造一个“汽车城”。幼儿一听，又有了兴趣。这样层层递进，使幼儿对这个游戏始终保持着浓厚的兴趣。又如，在“娃娃家”这一主题活动中，其主要目标是了解家庭的主要成员，激发幼儿爱家庭、爱父母的情感，能用多种方法表达自己的情感。因此，在区域活动中，教师应尽可能地为幼儿创设一种轻松的家庭氛围，反映幼儿的生活经验，满足幼儿的情感交流。为了达到这样的效果，区域活动中可以设计扮家家、喂小动物吃饭、熊宝宝吃饼干、小厨师、绕毛线等游戏，提供丰富的、形象多彩的材料。幼儿最喜欢玩扮家家和喂食的游戏，乐此不疲，以至在这个主题结束后，仍然会要求教师再让他们去这些区域玩。

（2）在情景化的主题环境中游戏

那些生活的片段、生活的场景能再现幼儿生活、吸引幼儿、唤起他们的经验感受，从而发挥其主体作用。在“学穿衣”活动中，为了让幼儿提高独立生活的能力，教师应注重生活环境创设的情景化。例如，利用班级墙壁制作布艺背景，让幼儿挑选自己喜欢的布艺造型，通过扣纽扣、拉拉链的办法自由摆放成自己喜欢的情景。由于该活动趣味性强，幼儿玩得非常主动。再如，根据小班幼儿对小动物特别感兴趣这一特点，充分利用橱门上形象可爱的小动物，将其设置成给小动物穿衣服的游戏情景。幼儿可以把衣服穿在小动物身上，使观赏性的动物画面变成能让孩子与之互动的穿衣情景。又如，可以将活动空间拓展到走廊，在作为摆设的木架上钉上小钩子，并挂上五颜六色的塑料链圈，并在链圈上挂上小衣架，再添置几个大小不同的衣袋，让幼儿自由挂取衣服，一个“衣宝宝的家”的游戏情景呈现在了幼儿的面前。该活动使走廊不仅是幼儿行走的通道，更成为锻炼其独立穿衣能力的通道。为了激励幼儿学穿衣的兴趣，教师还可在墙面上创设“宝宝，加油”的画面，将幼儿的照片设置成花心，花瓣是其学穿衣的能力图。教师可将画面交给幼儿，当其学会一种本领后，就可以选择一个相对应的花瓣贴到花心旁。幼儿在粘贴中，体验到了成就感。在这些情景化游戏的过程中，幼儿可以不受时间的限制，自主地与材料产生互动，与同伴产生互动，与环境产生互动。

在“过新年”主题活动中，应为孩子创设娃娃家、理发店、做做玩玩、快乐小天地等情境，并且在活动区里为幼儿提供各种游戏的材料，将一些生活化的内容渗透在游戏情节里。当幼儿熟悉了这些操作材料后，其对游戏情节的理解力和语言、动手等能力在游戏中得到了充分地发挥。

3. 幼儿园环境创设中的色彩应用

1）2 ~ 3 岁幼儿喜爱纯色，讨厌浊色，其认知能力较弱，选色无目的性，无固定的色彩喜好。

2）幼儿时期是直觉思维时期，逻辑推理能力弱，缺乏联想、推论的能力。简单、鲜艳、明快、活泼的纯色调和甜美的柔和色调最受他们欣赏和喜欢。色彩的运用还要有丰富的想象力和创造力，不要完全忠于自然。

任务3.2　小班教室环境实例赏析

小班教室环境实例见图 3.2.1 ~图 3.2.6。

图3.2.1　小班教室环境1

图3.2.2　小班教室环境2

图3.2.3　小班教室环境3

图3.2.4　小班教室环境4

图3.2.5　小班教室环境5

图3.2.6　小班教室环境6

思考与练习

1. 简述幼儿园小班区角环境的分类与制作的特点。
2. 结合小班幼儿年龄的特点与认知能力，创设区角环境。
3. 结合所学知识，设计出小班教室环境。要求：请以平面图形式设计；写出你的设计意图；在空白处写出各区域主要材料。

项目测评

项　　目	要　　求	评分标准	学生自评	学生互评
幼儿园小班教室环境创设	合理性	能熟练使用不同材料布置班级环境		
	参与性	1）能指导幼儿共同参与布置班级环境； 2）能针对不同年龄段的班级，策划、设计班级环境		
	班级特色	1）体现小班班级特色与班级教育特色； 2）班级环境设计具有新颖性、独创性		
	教育效果	1）能满足幼儿情感、社会性、认知、语言、动作技能等多方面的需要； 2）基本实现全面教育目标		
	安全性	材料投放和设计符合安全标准，符合卫生要求		
教师评述	指导教师： 年　　月　　日			

项目4

幼儿园中班教室环境创设

【项目描述】

幼儿园中班教室环境创设是幼儿园班级环境创设课程的核心内容之一，通过对幼儿园中班教室的设计与布置，针对中班幼儿活泼好动、能够接受一定的任务、形成一定的规则意识的年龄段特征，创设中班教室环境。

【学习目标】

- 熟练掌握中班教室区角的设计与布置。
- 能熟练策划、设计中班教室主题环境。
- 能带动幼儿参与策划、设计本班教室环境。

任务4.1　中班教室环境的策划与布置

4.1.1 中班教室区角的设置

中班幼儿对事物的理解有限,观察的持续时间较短,但他们活泼、好动,并且富于想象力,建议增加美工区角,提高幼儿的动手操作能力,培养幼儿的自信心,还能培养其良好的学习习惯。四五岁的幼儿喜欢和同伴一起玩,在活动中他们逐渐学会了交往,会与同伴共同分享快乐,还学会了领导和服从,在集体活动中,他们也了解和学会与人交往及合作的方式,所以可以增加一些类似益智区、自然角等,以优质环境给予幼儿全面发展提供帮助。

1. 中班环境创设基本思路

环境是隐形的课程,是需要根据幼儿的年龄特点和教学计划来进行装饰的。教师可以根据中班幼儿年龄较小、喜爱小动物的特性,围绕“绿色”、“人与动物的和谐相处”为环境创设主题,以美观、适用为目标,来打造中班教室环境。

2. 区角的设置

幼儿园中班可开设 4 ~ 6 个区角:娃娃家、建构区、益智区、美工区、图书区、自然角等,也可根据场地和教学需要选择性的设置数学角、音乐角、科学角、建筑角等区角。

3. 区角创设

(1) 娃娃家(图 4.1.1)

娃娃家适宜各班级、年龄层次的幼儿,是幼儿共同爱好的游戏内容,主要功能是通过各种生活模仿性的操作与练习,锻炼孩子生活中基本的操作能力。

教师应准备娃娃家所需的家具、日常生活用品、各种娃娃等,可利用废旧材料制作。

图4.1.1　娃娃家

(2) 建构区(图 4.1.2)

建构区主要功能是利用积木、酸奶盒、易拉罐、纸盒、玉米瓤等进行的建构游戏活动,培养幼儿的空间知觉,发展幼儿的空间想象力、动手操作及交流合作能力。

建构区有明显的区域界限，要根据教室内空间大小合理设计与布置，材料大小适宜，摆放有序。

（3）益智区（图 4.1.3）

益智区主要功能是通过棋类活动、拼图活动等益智类游戏活动，训练和开发幼儿智力，发展幼儿的思维能力及动手操作能力等。教师应准备所需的插接玩具、拼搭积木、棋、拼图等。

图4.1.2　建构区

图4.1.3　益智区

（4）美工区（图 4.1.4）

美工区主要功能是通过撕、贴、剪、画、捏、做等美术操作表现活动，锻炼幼儿的动手操作能力及培养其欣赏美、表现美和创造美的能力。

教师应注意场地的选择，要保证美工区有充足的采光，提供幼儿使用的各种绘画工具和材料，并利用墙面展示幼儿的绘画或手工作品，激发孩子的学习兴趣，增强自信。

图4.1.4　美工区

(5) 图书区（图 4.1.5）

图书区主要功能是激发幼儿阅读的兴趣，培养他们良好的阅读习惯，为他们以后幼儿园生活及终生学习奠定良好的基础。

教师应根据幼儿心理特征和身高设计图书区，并选择适宜幼儿的图书。

(6) 自然角（图 4.1.6）

自然角主要功能是让幼儿了解和认识自然。自然角是幼儿观察动植物的有利场所，能拓宽幼儿视野，培养其爱劳动、爱观察的良好习惯及科学探究的兴趣。

教师应准备各类花草、果蔬、小动物等，还可提供各类标本、图片、音视频电子设备。

图4.1.5　图书区

图4.1.6　自然角

4. 区角创设的基本要求和特点

1）娃娃家区角温馨、舒适（图 4.1.7 和图 4.1.8）。

图4.1.7　温馨小屋

图4.1.8　娃娃之家

2）建构区互动多、热闹、宽敞（图 4.1.9 和图 4.1.10）。

图4.1.9　我的城市

图4.1.10　我是工程师

3）益智区相对独立、较安静（图 4.1.11 和图 4.1.12）。

图4.1.11　我是发明家

图4.1.12　动动手、动动脑

4）美工区较安静、有操作台（图 4.1.13 和图 4.1.14）。

图4.1.13　艺术园地

图4.1.14　我是小画家

5）图书区相对独立、光线明亮、安静、舒适（图 4.1.15 和图 4.1.16）。

图4.1.15　我爱读书

图4.1.16　书的海洋

6）自然角阳光充足、植物品种多样，便于观察（图 4.1.17 和图 4.1.18）。

图4.1.17　我爱观察

图4.1.18　绿色小屋

4.1.2 中班教室主题环境创设

幼儿园中班可以有 6 个主题活动，分别为“身体畅想曲”、“快乐的家”、“春天的图画”、“圆圆的世界”、“可爱的动物”、“快乐的冬天”。主题环境是根据主题的实施而变化的。在每一个主题开始时，教师、幼儿、家长都会一起收集资料，教师会根据幼儿的兴趣和需要把收集的部分资料布置在主题墙上，供幼儿欣赏和自由讨论，并从中获取知识，激发探索的欲望。在活动中，教师也会把幼儿的作品（如剪纸、绘画、折纸等）布置在主题墙上，让幼儿交流、学习，不仅促进了幼儿间的感情，还提高了幼儿学习的积极性，树立了幼儿的自信。当然，要让幼儿生活在一个美的环境中，幼儿才能身心愉悦，因此在强调幼儿参与的同时，也要考虑墙饰的美观，这就需要教师对主题墙板块进行设计和适当的修饰（图 4.1.19 ～图 4.1.23）。

图4.1.19　小小画家

图4.1.20　我的暑假

图4.1.21　心灵手巧

图4.1.22　能干的我

图4.1.23　我的名片

任务4.2 中班教室环境实例赏析

中班教室环境实例见图 4.2.1 ～图 4.2.9。

图4.2.1 中班教室环境1

图4.2.2 中班教室环境2

图4.2.3 中班教室环境3

图4.2.4 中班教室环境4

图4.2.5 中班教室环境5

图4.2.6 中班教室环境6

图4.2.7　中班教室环境7

图4.2.8　中班教室环境8

图4.2.9　中班教室环境9

思考与练习

1. 简述中班区角环境的分类与制作的特点。
2. 结合中班幼儿年龄的特点与认知能力，创设区角环境娃娃家、建构区、益智区、美工区、图书区、自然角等，也可根据场地和教学需要选择性地设置数学角、音乐角、科学角、建筑角等区角。
3. 结合所学知识，设计中班教室环境。要求：请以平面图形式设计；写出你的设计意图；在空白处写出各区域所需主要材料。

项目测评

项　目	要　求	评分标准	学生自评	学生互评
幼儿园中班教室环境创设	合理性	能熟练使用不同材料布置班级环境		
	参与性	1）能指导幼儿共同参与布置班级环境； 2）能针对不同年龄段的班级，策划、设计班级环境		
	班级特色	1）体现中班班级特色与班级教育特色； 2）班级环境设计具有新颖性、独创性		
	教育效果	1）能满足幼儿情感、社会性、认知、语言、动作技能等多方面的需要； 2）基本实现全面教育目标		
	安全性	材料投放和设计符合安全标准，符合卫生要求		
教师评述	指导教师： 年　月　日			

项目5

幼儿园大班教室环境创设

【项目描述】

幼儿园大班教室环境创设对大班幼儿的发展具有特殊意义，这是由幼儿身心发展的特点、环境所具有的教育价值两方面决定的。幼儿进入大班以后，无论思维、个性或其他方面都具有相对的独立性、自主性，他们已不愿跟着大人拟定的模式去学习和活动。因为环境的主角是幼儿，教师不能把这个权利剥夺，所以要做到环境的创设中真正以幼儿为主体，使其成为学习的主人。

【学习目标】

- 能从大班幼儿兴趣出发，根据大班幼儿的年龄特点策划、设计教室主题图案。
- 能根据大班课程内容、大班幼儿年龄特点策划、设计具有教育性、儿童化的班级教室环境，鼓励幼儿参与策划、设计具有班级特色的教室环境。

任务5.1　大班教室环境的策划与布置

5.1.1 大班教室区角的设置

1. 大班教室区角设置基本思路

大班教室区角设置应遵循区角划分三原则、区角材料投放三原则、区角环境布置三原则。

（1）区角划分三原则

区角划分三原则指半开放原则、定与不定原则、渐进性原则。

半开放原则指某些区角需要相对的“私密性”，如益智区，有的幼儿需要一定的空间安静地下棋、拼图，不需要大的场地，幼儿流动性也不是很强，因此可以将益智区设置在一个固定的角落。

定与不定原则中，“定”是相对固定的区角，“不定”则充满了一定的随机性。例如，阅览区就是让幼儿进行阅读的空间，是比较固定的。而有些区域会因为不同的教学主题而随机改变，如娱乐区，一些桌面玩具就安排在室内，一些拖拉玩具、电动玩具就要安排到室外。

渐进性原则可以在科探区、益智区中体现，如益智区中的拼图，刚开始的时候可以投放一些片数较少的拼图，再逐渐增加一些片数越来越多的拼图，让孩子们循序渐进地挑战自己的思维。

（2）区角材料投放三原则

区角材料投放三原则，即对应原则、层次性原则、安全性原则。

对应原则，指材料在投放时应该与幼儿的实际水平及教学主题开展的具体内容相对应。层次性原则指在投放区角活动材料时，一定要了解本班幼儿的能力发展水平及个体差异，从而投放适应各个层次幼儿的材料，以便让他们在原有的基础能力上得到有效的提高。安全性原则是使用在各个领域的，在投放材料的过程中除了要注意材料本身的安全之外，更要注意培养幼儿自身的安全意识。

（3）区角环境布置三原则

区角环境布置三原则包括温馨原则、暗示原则和秩序原则。

温馨原则指创设一个温馨的区角环境，这对于大班的幼儿尤为重要，能让他们感受到一种家的氛围，有大家庭的感觉。暗示原则则体现在常用的一些挂牌、插牌等提示性的物品上，当然还有一些标记，如医院的“安静”等，在幼儿活动过程中起到了很多的提示作用。秩序原则指幼儿应将物品有序摆放，在活动后，有意识地对环境进行整理。该原则要在区角游戏的过程中长期坚持，才会有成效，如有序摆放物品的习惯，需要教师时刻提醒，利用各种激励机制调整鼓励，才能让孩子们形成自主、有序的活动状态。

教师对以上原则有了一定程度的了解之后，在创设大班的区角游戏环境时，就会有一些新想法、新思路。

2. 区角的设置

大班教室的空间大小决定了活动区的数量。一般而言，大班可设置 5 ~ 7 个活动区，如巧手制作园地、我是小画家、群星闪烁、语言区、建构区、音乐区、种植园等。

3. 区角创设

就大班幼儿的年龄和身心发育特征而言，该阶段的幼儿活泼好动，动手操作能力在不断提高，因此手工类的活动成为其最喜欢的活动类别。因此，大班教室的区角创设应考虑到这一特点，在设计和布置环境时，为幼儿提供充足的材料、便于取放、具有安全性，且有展示作品的区域（图 5.1.1 ~图 5.1.9）。

图5.1.1　美食区

图5.1.2　益智区

图5.1.3　手工区1

图5.1.4　手工区2

图5.1.5 小小茶艺师区

图5.1.6 泥塑区

图5.1.7 自然角

图5.1.8 家园区

图5.1.9 美工区

4. 案例分析

（1）“我是小画家”

该墙壁创设区域主要以幼儿的绘画作品为主。大班幼儿正处于智力迅速发展的时期，对周围的一切好奇心较重，亲自动手将看到的事物画下来的欲望也较高。教师与幼儿大胆想象，将日常生活中看到的、想到的用图画的形式表达出来显得尤为重要（图 5.1.10 和图 5.1.11）。

图5.1.10 我是小画家1

图5.1.11 我是小画家2

（2）“群星闪烁”

该活动区域主要的创设背景是以收集废旧光盘为主、即时贴为辅，用这些材料制作了红花栏，分设了学习、养成、卫生、安全 4 个区域。同时让每位幼儿准备一张照片。该环境创设意图在于将这些方面表现突出的幼儿的照片贴在闪闪发亮的光盘上，以达到“群星闪烁”的效果，并达到激励幼儿成长的效果，有利于培养幼儿的合作能力和竞争能力（图 5.1.12）。

图5.1.12 群星闪烁

（3）图书区

该区域创设的目的是培养幼儿看书认字的兴趣，在布置相关区域时，要尽量选用色彩鲜明、形象生动、富有情趣、图文并茂的图书，如卡通画报、童话故事、幽默笑话等，让幼儿轻松愉快地看书（图 5.1.13 ～图 5.1.16）。

图5.1.13 图书区1

图5.1.14 图书区2

图5.1.15 图书区3

图5.1.16 图书区4

（4）建构区

提供游戏的各类积木，让幼儿在轻松、开放的状态下充分、自由地发挥其想象力和创造力（图 5.1.17）。

（5）音乐区

提供录音机等音乐用具，让幼儿在音乐中寻找快乐（图 5.1.18）。

（6）种植园

种植园内摆放多种盆栽，培养幼儿动手能力的同时，能够让其了解更多的种植知识，体验种植乐趣。但要注意设施（如花架）的摆放需便于幼儿使用，且要确保安全性（图 5.1.19 和图 5.1.20）。

图5.1.17　建构区

图5.1.18　音乐区

图5.1.19　种植园1

图5.1.20　种植园2

5.1.2 大班教室主题环境的创设

幼儿园的大班主题墙是促进幼儿发展不可缺少的“环境”，是大班幼儿在园生活的重要部分。主题墙无论从内容来源、主题的产生等多方面都日显生动、直观，能够真实再现师幼之间，幼儿、教师与家长三者之间近距离的对话；师幼之间亲密的关系；幼儿与幼儿之间的情感氛围。有价值的主题墙，从感官上带给幼儿有关线条、形状、色彩、构图等因素的刺激，在情感上带给他们愉悦感。

1. 幼儿园大班常见的主题墙类型

(1) 装饰性墙饰

这一类墙饰为数不多，一般都是欢迎小朋友、可爱的动物之类的宣传性的儿童画，也有经典图案（如京剧脸谱等）装饰的（图 5.1.21）。

具体做法：木瓢或葫芦若干，在表面用丙烯颜料或水粉颜料画出不同的京剧脸谱，集中在一面墙上挂出。这种装饰墙饰既有形式美，又有文化内涵。

(2)“连环画”类墙饰

幼儿看完每一幅画面，就了解了故事的情节。这样的墙饰一开始对幼儿是有吸引力的，但当幼儿熟悉了故事情节后，就不再对墙饰感兴趣了因此，要经常更换（图 5.1.22）。

具体做法：选取幼儿最熟悉的卡通动漫故事片，选取其中典型故事的典型画面在墙壁上表现出来。可用绘画形式，也可以用手工形式做出来。

图5.1.21　京剧脸谱装饰墙

图5.1.22　卡通画装饰墙

(3) 呈现幼儿活动成果的墙饰

教室里散见着各类幼儿活动成果的展示区，如美术、手工作品展示，幼儿发展表现评价表（幼儿照片边上贴上几颗星星或小红花或者优秀卡等）等。这类墙饰是动态的，不断在改变的，可以提高幼儿参与活动的积极性（图 5.1.23）。

(4) 动态主题性墙饰

该类墙饰内容具有时效性，能够及时呈现一些信息，有利于提高幼儿参与活动的积极性，树立其自信心（图 5.1.24）。

图5.1.23　幼儿成果主题墙

2. 幼儿园大班主题墙的特点

图5.1.24 动态主题墙

幼儿园“三室”合一，教室、寝室和活动室都在同一个教室。幼儿活动范围相对较小，在有限的空间里怎样发挥其最大的利用价值？主题墙就是很好的方式，好的主题墙具有以下特点。

(1) 丰富性

主题墙作为幼儿开展活动的足迹呈现平台，教师在创设时要全盘考虑，呈现的主题应该具有连续性。可以有3个主题安排：一个是刚刚结束的主题，但孩子还有延伸或思考的活动；一个是正在进行的主题；另一个则是将要进行的主题。在每一个主题中，教师要有选择地选取内容进行布置。主题要有脉络，有标题，清楚明了。

(2) 艺术性

主题墙作为班级的一种“活动”墙面装饰，要赋予创意的设计、智慧的装扮，而不仅仅只是简单地将幼儿的作品、教学挂图进行张贴，这样的教育价值微小。教师怎样进行有创意的设计？这其中离不开对整个主题的思考：采用何种图案、怎样摆放等，让活动的意义真正得到体现。有时教师的一点小装饰、小说明、小标记，就能让整个主题墙焕发光彩，达到视觉和教育的“双赢”。

(3) 互动性

主题墙作为班级的一部分，随时和幼儿在进行着“沟通”与“交流”。主题墙上呈现的材料应该是教师和幼儿一起收集完成的，因此，教师应鼓励幼儿参与创设。这样既可以让幼儿关注主题墙，也可以让幼儿的智慧和教师共享，教师还可以减轻一定的工作负担，主题墙也不再仅仅是摆设，可谓一举多得。

3. 创设幼儿园大班主题墙的要点

(1) 让幼儿成为班级环境创设的主人

让幼儿以主人的身份直接参与主题环境创设。教师由原来的动手者转变为观察者、倾听者和支持者。

首先，教师要多关注幼儿的兴趣点，观察幼儿的需求，激发他们创设主题环境的积极性，多倾听幼儿的所思、所想，给幼儿提供适度的支持。

其次，将收集的材料和创设环境的过程作为幼儿的学习过程。教师应和幼儿一起收集材料，在这个过程中，尽量让幼儿自己做，自己想。通过多渠道让幼儿利用已有的知识经验，通过看、听、问等途径来获取信息和材料。在收集材料后，尽量让幼儿共同协商如何装饰主题墙，幼儿间的相互交流更能加深对主题内容的理解，也更进一步地深化了主题内容。例如，在大班主题活动“我喜欢的汽车”中，教师努力契合幼儿的兴趣点，积极动员幼儿收集日常的废旧物品（如废纸盒、瓶盖、“汽车挂历”等），让能力强的幼儿运用废纸盒、瓶盖等来制作“心目中的汽车”，能力较弱的幼儿则动手剪贴“汽车挂历”，共同参与布置、丰富主题墙饰。这不仅可以向幼儿灌输环保概念，深化环保教育，而且活动方式别具一格，充满生气，能够有效地吸引幼儿关注。再如，在大班主题活动“大自然的语言”中，幼儿较为困惑：植物、动物怎么会说话呢？针对这个情况，教师可以让幼儿自己去找资料。在家长的帮助下，幼儿自己画图、涂颜色，父母在下面加以一段文字说明。很快，“大自然的语言”就展现在大家的面前。幼儿从中理解了许多的语言：荷花盛开，夏天来到了；小蚂蚁搬家，告诉我们快要下雨了……这些神奇的发现，激发了他们热爱和探索大自然的兴趣。

在主题进行中，与幼儿进行讨论，结合幼儿的兴趣、意愿来布置主题墙，多给幼儿一份信任、多给幼儿一份权力、多给幼儿一份鼓励，让幼儿发挥其能力，让主题墙真正成为幼儿与教师之间的近距离的对话。这样的主题墙创设才能发挥其创设本身的意义。有学者说过：“通过幼儿思想和双手布置的环境，可使他对环境中的事物更加认识。”

（2）根据课程内容创设主题墙饰

环境是课程设计与实施的要素。幼儿的认知、情感和社会性的发展始终来自与环境的相互作用，且幼儿与环境相处的方式也直接影响教育的质量。教师可根据预设课程模式，将主题墙饰的创设紧密地与班级的主题教学活动的运行方向相结合，将幼儿关于主题探究的阶段性成果、探究过程中遇到的困惑、教师和家长提供的相关的内容支持等内容构成主题墙饰的主体，从而让孩子在这种交互过程中得到满足，丰富其对有关主题内涵的理解，并激发其对主题深入探究的兴趣。例如，大班主题活动“名字的故事”，其目的是让幼儿认识自己的名字，了解自己名字的含义。教师先让幼儿与家长一起制作一张卡片，卡片上写上自己的名字及名字的意义，并制作一份自我介绍的墙报，贴在主题墙上。在这一过程中，幼儿体会到了父母对自己的关爱和期盼，并在自由活动中争先恐后地认识自己及自己的名字，向别人介绍自己和自己名字的意义，同时辨认同伴和同伴的名字。再如，在大班幼儿即将毕业的时候，他们对于幼儿园的一草一木都十分留恋，教师就可以和孩子们一起制作一个“离园倒计时牌”的主题墙饰，与幼儿一起商量版面颜色的选择、内容的布局、主题墙的装饰等。在之后的一段时间里，让幼儿自己动手，不断丰富墙饰的内容，让其画下自己在幼儿园里的最爱，记录对教师的不舍，留下与好朋友的合影和电话。在墙饰不断得到充实的同时，幼儿对幼儿园的爱、对老师和朋友的爱也在不断地得到升华。

(3) 让主题墙成为一个联动的整体

班级是幼儿园课程实践中一个最基本的工作单位，它可以是相对独立的，也可以纵横结合成一个整体。“主题墙”不但是幼儿园的一道亮丽的风景，更是全园幼儿相互学习、相互促进、整体联动的理想场所。各个班级在准备“主题墙”时，提倡以年级组为单位集体研讨，平行班的教师彼此交换意见。有的主题可以各班独立创设“主题墙”，教师根据自己班级幼儿的实际情况设置板块，有所侧重；有的主题可以平行班级相互配合，一个班负责一至两个板块，并且幼儿作品交互使用。在创设“主题墙”时不要求作品一次性“上墙”，课程进行到某个阶段可以布置某个板块。同一年级组的幼儿可以相互观摩、欣赏、评价，不同年级组的幼儿也可以在老师的带领下，看看其他年级组的“主题墙”。总之，让“主题墙”使幼儿园成为一个联动的整体，成为一个和睦向上的大家庭，传递幼儿、教师及家长共同的心声。墙壁是会“说话”的，它能让幼儿正视缺失，改正不足。让墙壁“说话”，让主题墙真正对幼儿的学习和发展发挥作用。

4. 幼儿园大班主题墙饰设计参考

(1) 我爱祖国

1) 天安门前照张相，我爱天安门。

教师制作一个天安门图片张贴在墙上，幼儿从家中带来天安门前留影的照片布置成墙饰。

幼儿自己制作各种姿势的小朋友，进行绘画整理，放在“天安门”前面留影。

2) 中华大家庭。

我国有汉族、回族、蒙古族、藏族、维吾尔族、朝鲜族等 56 个民族。收集各民族的图片，作为“中华大家庭”的墙饰。一次介绍的民族不宜过多，可从幼儿比较熟悉的民族开始。

3)“中国最有名的”收集。

我国的四大发明——造纸术、指南针、印刷术、火药；京剧是我国的国粹；我国有长江、黄河、万里长城……

家长和幼儿一起收集中国最有名的事物的资料，布置墙饰。

(2) 美丽的地球

1) 地球——我们的家。

教师、家长和幼儿一起收集有关地球的动植物、不同人种生活的情景的照片或图片，布置在活动室里，生成互动墙饰——地球我们的家。

2）世界各地的风光、各国名胜古迹。

幼儿收集世界各地的风光、建筑图片，布置成世界各地的风光墙饰。

让幼儿通过“演播室”了解世界各地的风光及名胜古迹，了解世界上其他国家的名胜古迹及风土人情。生成主题墙饰——美丽的地球。

（3）繁忙的交通

1）各种各样的交通工具。

安排幼儿收集有关交通工具的玩具和图片。

通过组织幼儿参与“看飞机”和“我想飞”的活动，让幼儿大胆想象，丰富幼儿对飞机这一交通工具的了解，生成互动墙饰——空中的交通工具。

通过组织幼儿参与“三轮车”和“小火车”等活动，生成互动墙饰——公路上的交通工具。

通过组织幼儿参与“船的本领大”的活动，让幼儿认识船的各种功能，生成互动墙饰——水上的交通工具。

2）我认识的交通标志。

教师和幼儿共同收集常见的交通标志，创设墙饰“我认识的交通标志”。培养幼儿遵守交通规则的好习惯，生成墙饰——我认识的交通标志。

3）各种各样的桥。

① 认识各种各样的桥：收集世界上各种桥的图片。

② 设计自己想象中的桥：鼓励幼儿自己设计并绘画出自己想象中的桥。

③ 用不同的材料制作各种各样的桥：幼儿用不同的材料制作自己设计的桥，用不同的材料搭建各种各样的桥，老师收集拍照，最终生成互动墙饰——各种各样的桥。

任务5.2 幼儿园班级环境创设与利用评比标准

幼儿园班级环境创设与利用评比标准见表5.2.1。

表5.2.1 幼儿园班级环境创设与利用评比标准

项目	要求	分值
整体环境（30分）	教室内各类物品摆放整齐，无卫生死角，班级各处清洁卫生	5
	能合理利用有效空间，做到美观大方，教师办公室、贮藏室、处处起到育人作用	7
	能充分利用三维一体的空间，悬挂摆放物品视角、视线要低，能满足孩子的眼光和需要，能表现出季节性	8

续表

项　目	要　求	分　值
主题活动环境（20分）	能围绕主题设置，内容丰富，蕴含较强的教育价值，墙面布置合理，美观，具有一定的审美性	10
	能符合幼儿年龄特点，体现幼儿的主体性，让幼儿参与中来，具有互动性	10
区角环境（30）	整体区角设置合理，符合幼儿的年龄特点，各班所设区角不少于5个，各区角均有较明显的特色	6
	各区角材料投放充足，数量多、种类足、操作性强，考虑到不同幼儿的操作能力水平，有探索和创造的空间	10
	区角材料摆放整齐，分类有序，便于幼儿取放，同时做到卫生、无毒无害	6
	有丰富的自制玩具	8
自然角环境（10分）	自然角种类丰富，除购买的盆栽外，自主性种植或养殖种类不少于5样	5
	注重美观整洁，同时能给幼儿一定的探索空间，及时做好有效管理工作（如及时修枝清洁、确保植物铭牌和观察记录完整等）	5
展板、家长园地环境（10分）	家园共育栏内容丰富，能及时公布本班近阶段的主题内容	4
	栏目美观大方，字迹工整	3
	能体现宣传、引导的教育作用，突出家园互动交流	3

思考与练习

1. 简述幼儿园大班区角环境的分类与制作的特点。
2. 结合大班幼儿年龄的特点与认知能力，创设适合大班幼儿的区角环境和主题环境。
3. 结合所学知识，设计出大班教室环境。要求：请以平面图形式设计；写出你的设计意图；在空白处写出各区域所需的主要材料。

项目测评

<table>
<tr><th>项　目</th><th>要　求</th><th>评分标准</th><th>学生自评</th><th>学生互评</th></tr>
<tr><td rowspan="5">幼儿园大班教室环境创设</td><td>合理性</td><td>能熟练使用不同材料布置班级环境</td><td></td><td></td></tr>
<tr><td>参与性</td><td>1）能指导幼儿共同参与布置班级环境；
2）能针对不同年龄段的班级，策划、设计班级环境</td><td></td><td></td></tr>
<tr><td>班级特色</td><td>1）体现大班班级特色与班级教育特色；
2）班级环境设计具有新颖性、独创性</td><td></td><td></td></tr>
<tr><td>教育效果</td><td>1）能满足幼儿情感、社会性、认知、语言、动作技能等多方面的需要；
2）基本实现全面教育目标</td><td></td><td></td></tr>
<tr><td>安全性</td><td>材料投放和设计符合安全标准，符合卫生要求</td><td></td><td></td></tr>
<tr><td>教师评述</td><td colspan="4">

指导教师：
年　　月　　日</td></tr>
</table>

参考文献

杜相环，冯云．2001．幼儿园环境布置．昆明：云南美术出版社．

孙如华．1999．幼儿园环境布置．北京：教育科学出版社．